Narlı Tarifler

Refika Birgül

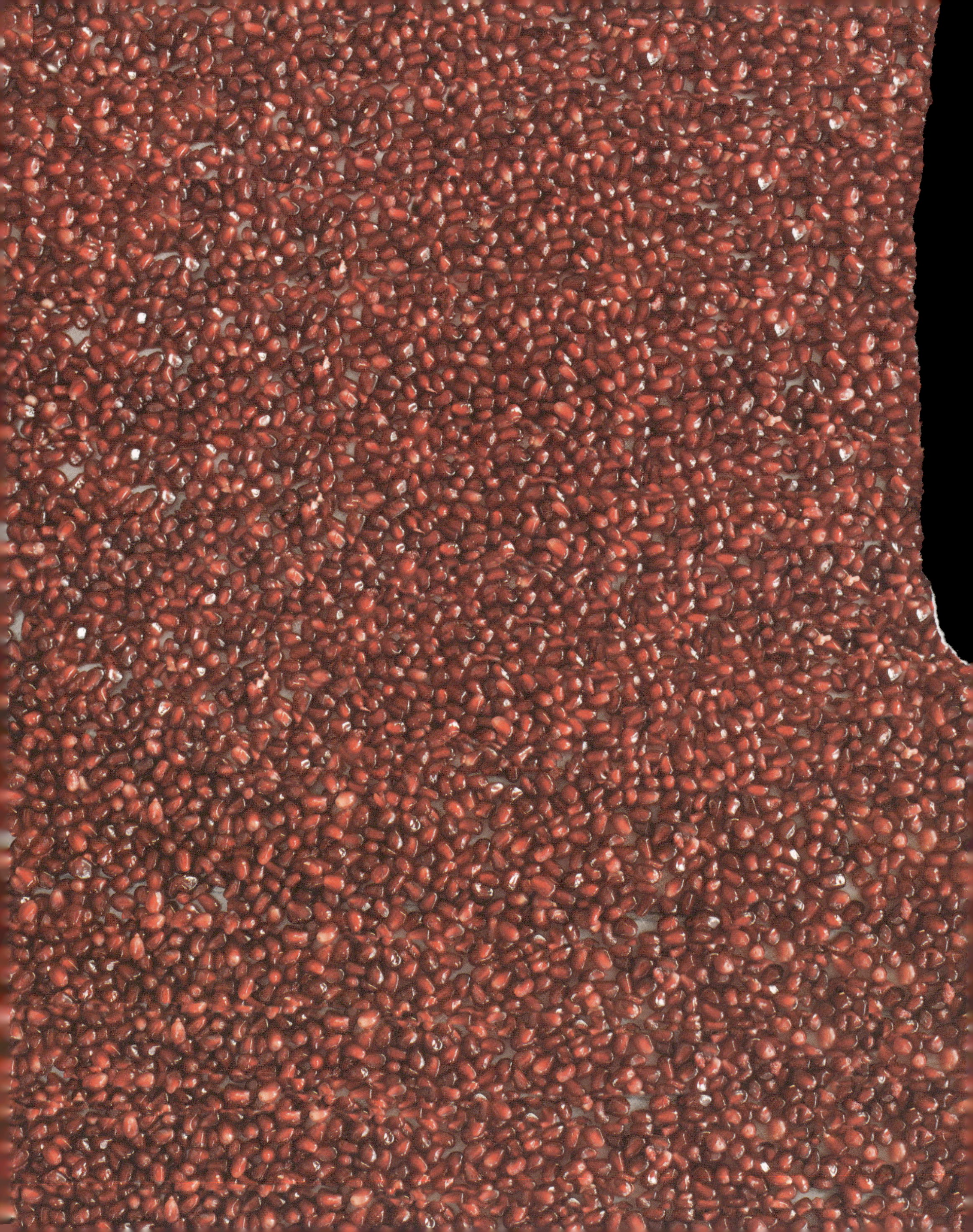

NAR

Refika Birgül
Narlı Tarifler

ISBN: 978-975-23-1139-8
Sertifika No: 10855

BOYUT

Genel Yönetmen
Bülent Özükan

Genel Müdür
Nilgün Özükan

Genel Sanat Yönetmeni
Murat Öneş

Koza Plaza A Blok Kat: 26 Tekstilkent 34235,
Esenler - İSTANBUL
Tel: (0212) 413 33 33 pbx
www.boyutstore.com e-mail: info@boyut.com.tr

Baskı
BOYUT MATBAACILIK A.Ş.
Matbaacılar Sitesi, 1. Cadde, No. 115 34204
Bağcılar- İSTANBUL

Ekim 2014

Kültür Ürünleri Danışma Hattı
444 53 53
Bu yayın ve diğer tüm Boyut ürünlerini edinmek için yukarıdaki telefon numarasından gönderim ücreti ödemeden sipariş verebilirsiniz.

Proje Koordinatörü
Acro Organizasyon Prodüksiyon ve Tasarım A.Ş.

Fotoğraf
Bahar Kitapcı

Grafik Tasarım
Erkan Armutcu

İçindekiler

Başlangıçlar

Ana Yemekler

Tatlılar

İçecekler

Başlarken

Nar; bereketin, kudretin, doğanın güzelliğinin, bonkörlüğünün, estetiğin, heyecanın ve tutkunun bir meyvede birleşmiş hali benim nazarımda.

Mitolojide de, bütün dönemlerde başköşeye konmuş. Yunan mitolojisinde evliliğin, yaşamın simgesiymiş. Kuran'da ise cennette bulunan meyvelerden olduğu anlatılmış...

Batı, yavaş yavaş keşfettiği nar ekşisini bizden daha çok sahiplenmeye başlasa da, memleketimiz çeşit çeşit nar yetiştiren özel bir ülke. İnsanın tat alma duyusunu bir orkestraya benzetirsek tatlı, ekşi, acı ve tuzlunun bu orkestranın öğeleri olduğunu söyleyebiliriz. Nar bu öğelerden ikisini, yani ekşiliği ve tatlılığı bir arada bulunduruyor. Bu sebeple de hem tatlılarda, hem yemek ve salatalarda, hem de içeceklerde önemli roller oynamayı biliyor.

Tepe İnşaat Satış ve Pazarlama Ekibi'nin Narlife Projesi için "narlı tarifler" istemesiyle bu bereketli meyveyle yaptığım onlarca tarif ortaya çıktı. Bunların içinden en sevdiğimiz 24 tarifi ise bu kitapla sizlere sunmanın keyfini yaşıyoruz.

Ana yemek olarak dünyaca meşhur Café de Paris'yi tahin, nar ekşisi ve hardal ile tekrar keşfedip, sizi etin çok lezzetli bir hali ile buluşturduk.

Tava veya kızgın fırında nar tanelerinin mısır tanesi gibi pat pat patlaması hem çok eğlenceli oldu, hem de bu reaksiyon sonucu elde ettiğimiz nar lezzeti yemekte bambaşka bir etki yarattı. Bunu da yumurta yaparken, patates kızartırken güzelce değerlendirdik, sürprizli lezzetler elde ettik.

Tatlılarda ise klasik su muhallebisini su yerine nar suyu ile yaptık. Nar suyunun o tatlı ekşiliği klasik tadı bambaşka noktalara taşıdı.

Kitabı hazırlarken az yağ ile patates kızartmanın, pratik cheesecake yapmanın, içecek sunumlarınıza hem lezzet, hem de görsel güzellik katmanın yanı sıra etin pişme derecesini nasıl anlayabileceğinize dair ipuçları da ekledik. Böylelikle narın bereketli yolculuğunda beraber yol alırken, aynı zamanda bu güzel tarifleri size hayal ettirerek, mutfağınızda kendi yolculuklarınızı yapmanızı istedik.

Nar'ın bereketi, mutfakta tatlı telaşlar ve bol muhabbetli sofralar hep sizinle olsun...

Sevgi, Saygıyla

Refika Birgül

Başlangıçlar

Mor Pilav

Malzemeler

8 Kişilik

2 su bardağı pirinç
6 çorba kaşığı nar ekşisi
Ceviz büyüklüğünde taze zencefil
2,5 çorba kaşığı tereyağı
3 su bardağı kaynar su
2 çorba kaşığı zeytinyağı
60 gr. Antep fıstığı
6 çorba kaşığı nar
15 dal maydanoz

Refika der ki; bu tarif benim en sevdiğim tariflerden biri. Sıcak ayrı lezzetli, soğuk ayrı lezzetli olan bir meze. Bir mücevher gibi görünen nar taneleriyle birlikte tadı da insanı yukarı çekiyor.

Altı çorba kaşığı nar ekşisini, kabaca dilimlediğiniz ceviz büyüklüğündeki zencefili ve 3 su bardağı kaynar suyu bir sos tenceresinde 2-3 dakika kaynatın. 2 çorba kaşığı tereyağı ve 2 çorba kaşığı zeytinyağını kızdırıp, içine yıkadığınız 2 su bardağı pirinci ekleyin ve orta ateşte çevirin. Tüm pirinçlerin yağlanıp, kavrulduğundan emin olun.

Hazırladığınız sudaki zencefil parçalarını çıkartıp, suyu pirinçlerin üstüne dökün. Tencerenin kapağını kapatıp, kaynayıncaya kadar yüksek sonra da kısık ateşte; pilavın üstünde ufak hava delikleri oluşana kadar pişirin.

Sonra altını kapatıp, yaprak yaprak ayırdığınız 15 dal maydanozu koyun, buharında hafifçe ölsünler. Maydanozlar kuru olursa daha parlak olup, canlı renklerini korurlar.

60 gr. Antep fıstığının dış kabuklarını avucunuzda ileri, geri hareketler yaparak temizleyin. Servis etmeden hemen önce fıstıkları yarım kaşık tereyağında çevirin. Ardından 6 çorba kaşığı ayıklanmış nar ile beraber fıstıkları pilavınıza ekleyin. Hem sıcak hem de soğuk yenebilecek pilavınız artık hazır.

Narlı Patlıcan

MALZEMELER

6 Kişilik

3 adet orta boy patlıcan
200 gr. yoğurt
1,5 çorba kaşığı nar ekşisi
1 tepeleme çorba kaşığı çörekotu
1 diş sarımsak
6 çorba kaşığı zeytinyağı
2 çay kaşığı karabiber
2 avuç dolusu nar tanesi
10-15 yaprak taze fesleğen
Tuz

Patlıcan ve yoğurt birlikte hep güzeldirler. Yanlarına fesleğen ve nar da gelince şaşılacak şekilde güzel oluyorlar. Bir de biz yoğurtlu patlıcan kızartmaya sofralarımızda epey alışığız. Oysa fırında, tuz ve az yağ ile yapınca da gayet lezzetli oluyor. Yağdan eksik olan tadı yoğurt, fesleğen ve nar fazlası ile tamamlıyor.

3 adet orta boy patlıcanı 2 santim kalınlığında boylamasına uzun şeritler halinde kesin. (Hemen işlem görmeyecekse kararmaması için su dolu bir kaba birkaç damla limon sıkın ve patlıcanları onun içine koyun. Kullanmadan kağıt havlu ile kurulayın.) Fırına vermeden önce patlıcanları 3 çorba kaşığı zeytinyağı ile iki tarafını iyice yağlayın. İstediğiniz kadar tuz ve 1 çay kaşığı karabiber serpin ve tepsiye yerleştirin. 180 derece sıcaklıkta ızgara modundaki fırının en üst rafının bir altına koyun. 20 dakika bir tarafını, 10 dakika da diğer tarafını pişirin. Patlıcanların rengi güzel bir kahverengiye dönecek.

200 gr. yoğurdu krema kıvamına gelene kadar çırptıktan sonra, içine püre halinde 1 diş sarımsağı, 1,5 çorba kaşığı nar ekşisini, 1 tepeleme çorba kaşığı çörekotunu, 1 çay kaşığı karabiberi, 3 çorba kaşığı zeytinyağı ve dilediğiniz kadar tuzu ekleyin.

Ardından tabağa patlıcanları yerleştirip, yoğurtlu karışımınızı ekleyin ve 10-15 yaprak taze fesleğeni ve yaklaşık 2 avuç dolusu nar tanesini serpin.

Servis etmeden hemen önce sıkacağınız limon ile yoğurdun nasıl tat değiştireceğine ve ne kadar muazzam olacağına inanamayacaksınız.

Rokalı Narlı Bulgur Salatası

MALZEMELER

2 Kişilik

5 çorba kaşığı siyez bulguru veya pilavlık bulgur
1 su bardağı su
1 bağ roka
5 çorba kaşığı nar tanesi
2-3 çorba kaşığı nar ekşisi
2 dal taze soğan
1/4 dilim limon suyu
7 çorba kaşığı zeytinyağı
Tuz

Narın bulgurla özel bir ilişkisi oluyor. Domateslerin yokluğunda, "ben daha özelim ve domatesin yokluğunu aratmam" dercesine gösterebiliyor kendisini. Bu tarifte de Kastamonu'da yetişen dünyanın en eski buğdaylarından biri olan siyez bulgurunu kullanmak istedim.

Temizlenmesi alıştığımız paketli bulgurlara göre biraz daha zahmetli. Ancak 12.000 yıllık geçmişi olan bu bulgurla vakit geçirmek, tadına varmak büyük ayrıcalık. Size de şiddetle tavsiye ederim. Kastamonu-İnebolu pazarlarından ve internetten bulabilirsiniz.

Bir tencerede 5 çorba kaşığı iri taneli siyez bulgurunu 1 bardak su ile üstünü kapatıp, şişene kadar haşlayın. Sosunuzu hazırlamak için bir tavada, 7 çorba kaşığı zeytinyağının içinde, 2-3 çorba kaşığı nar ekşisini kaynatın. Kaynamaya başlayınca 5 çorba kaşığı nar tanesini ekleyin ve nar tanelerini 2-3 dakika güzelce çevirin. Altını kapatıp, soğumaya bırakın.

Yapraklarını iyice kuruttuğunuz 1 bağ rokayı parmak kalınlığında kıyın. Ardından 2 adet taze soğanı ince ince doğrayın.

Şimdi sıra yeşilliği soslamaya geldi. Burada bir ipucu vermek isterim, salata hazırlarken sosunuzla salata malzemelerinizi ayrı bir kapta karıştırıp sunum kabınıza alın. Böylece hem salatanın sosu rahatlıkla tüm malzemelere nüfuz edecek hem de sunumunuzu istediğiniz gibi yapabileceksiniz.

Haşladığınız bulgurun 2/3'ünü, sosun 2/3'ü ile bir kasede karıştırıp, roka ve taze soğanla karıştırın. Hazırladığınız karışımı servis kabına alınca kalan sosu ve bulguru üzerine dökün. Son olarak 1/4 dilim limonu üzerine sıkın ve ikram edin. Böylece nar ekşisi ile limonun etkileşimi lezzete lezzet katacak.

Kısırın Narlı Hali

MALZEMELER

8 Kişilik

2 su bardağı ince bulgur
1/3 bağ roka
8 adet taze soğan
2 çay bardağı nar suyu
3 avuç nar tanesi
1 çorba kaşığı biber salçası
1 çorba kaşığı domates salçası
1 tatlı kaşığı pul biber
1 çay kaşığı toz kırmızı biber
1 çay kaşığı karabiber
2 çay kaşığı tuz
1 tatlı kaşığı kimyon
1 çorba kaşığı nar ekşisi
3 çorba kaşığı limon suyu
10 çorba kaşığı zeytinyağı

Madem nar ekşisi çok yakışıyor kısıra neden narın suyundan ve tanelerinden de yararlanıp daha taze bir tat elde etmeyelim dedik ve bu tarif ortaya çıktı. Klasik kısıra göre daha hafif ama daha tatminkar bir tarif oldu.

2 su bardağı ince bulguru bir tencerenin içine koyup, 1 su bardağı ılık su ekleyin ve tencerenin ağzını kapatarak demlenmeye bırakın. Bulgur dinlenirken siz 1 çorba kaşığı biber salçasını, 1 çorba kaşığı domates salçasını, 10 çorba kaşığı zeytinyağını, 1 tatlı kaşığı pul biberi, 1 çay kaşığı toz kırmızı biberi, 1 çay kaşığı karabiberi ve 2 çay kaşığı tuzu bir kapta karıştırın. 3 çorba kaşığı limon suyunu hazır edin. 8 adet taze soğanı ve 1/3 bağ rokayı ince ince doğrayın ve bir kenarda bekletin. Bu sırada bulgurunuz hazır hale gelecektir. Eğer bulgurunuz hafif kuru ise biraz daha kaynar su ekleyip bekletin. Sonra bulguru rahatça yoğurabileceğiniz bir kaba alın. 2 çay bardağı nar suyunu bulgurun üzerine dökün ve karıştırın. Ardından salça ve baharatları karıştırarak hazırlamış olduğunuz sosu üzerine dökün. Siz yoğurdukça biraz katı olan bulgur açılacak ve nefis sos taneleri içine işleyecek. En az 5 dakika, vaktiniz varsa 10 dakika yoğurun. Yeşillikleri iyice yoğurduğunuz bulgura ekleyin ve parmaklarınızla kabaca karıştırın. Fazla yoğurarak yeşilliklerin renklerini kaybetmemek gerek. 1 çorba kaşığı nar ekşisi ve 3 çorba kaşığı limonu da ekleyip iyice karıştırdıktan sonra 3 avuç nar tanesini de ekleyip hafifçe, narlar zedelenmeyecek şekilde karıştırın. Kısırınız hazır olacaktır. Servis öncesi bir parça sızma zeytinyağı gezdirmeyi ve limon sıkmayı unutmayın. Kap olarak da ikiye bölüp tanelerinden ayırdığınız kabukları kullanabilirsiniz.

Nardan Salata

Malzemeler

2 Kişilik

1 bağ kuzu kulağı
50 gr. ceviz
75 gr. taze köy peyniri veya hellim peyniri
5 çorba kaşığı nar tanesi
5,5 çorba kaşığı zeytinyağı
1 çorba kaşığı nar ekşisi
2 tatlı kaşığı bal
3 çorba kaşığı limon suyu
1 çay kaşığı pul biber
1 çay kaşığı karabiber
2 dilim kızarmış ekmek
Tuz

Nar, salatalara oldum olası çok yakışır. Salatanız fazla yeşil göründüğü zamanlarda ya da domatesin olmadığı dönemlerde hem lezzet hem de görsel olarak farklılık yaratmak için güzel bir tercih nar kullanmak. İsterseniz hoş bir sunumla başlangıç olarak, isterseniz de doyurucu bir ana yemek olarak sunabilirsiniz. Tek fark eden ne kadar yediğiniz olacaktır.

Yapraklarını iyice kuruttuğunuz 1 bağ kuzu kulağını ince ince doğrayın. 50 gr. cevizi kabaca kırın ve tavaya alarak kendi yağında hafif rengi dönene kadar kavurun. Sonra da soğuması için bir kaseye alın. Tavaya 2 çorba kaşığı zeytinyağı koyun ve iyice kızana kadar bekleyin. Ardından tavla zarı büyüklüğünde kesilmiş 75 gr. taze köy peynirini tavaya koyun. Burada dikkat edilecek nokta peynirin bir yüzü iyice pişmeden çevirmemek, aksi takdirde tavaya yapışıp, dağılabilir. Peynirlerin renkleri hafif dönene kadar çevirin.

Salatanın sosu için; 3 çorba kaşığı limon suyunu, 3,5 çorba kaşığı zeytinyağını, 1 çorba kaşığı nar ekşisini, 2 tatlı kaşığı balı, 1'er çay kaşığı pul biberi ve karabiberi bir kavanoza koyup, ağzını sıkıca kapatıp, karışması için sallayın. Köy peyniri tuzlu olduğu için salata için ekstra tuz ihtiyacınız olmayacak. Sadece salatanın lezzetini yükseltmek için ufak bir parça tuz serpmek işin tadını farklılaştıracaktır.

Artık bu göze bayram ettiren rengarenk malzemeleri biraraya getirme zamanı geldi. Sosun tüm malzemelerle kaynaşması çok önemli. Yeşilliklerin kuru olması ve karıştırabileceğiniz geniş bir kabın olması salatanın iyice soslanmasında önemli faktörler. Hazırladığınız sosu, cevizleri, kuzu kulağını ayrı bir kaseye koyup iyice karıştırın. Peynir ve narların 2/3'ünü de içine karıştırın. Her yaprağın soslandığından emin olun. Servis ederken de tabağın ortasına 2 dilim kızarmış ekmek ve salatayı yerleştirin. Kalan nar ve peynirleri de tepeden dökün. Burada ekmekler güzel bir görüntü vermekle birlikte salatanın fazla suyunun tabağa akmasını da engelleyip hoş tabaklar kullanmanızı sağlıyor. Tabii bir de doyurucu olup mutluluk veriyor.

Narlı Dip

MALZEMELER

4 Kişilik

3 çorba kaşığı nar ekşisi
8 çorba kaşığı yoğurt
3 dilim beyaz ekmek
(3 dolu çorba kaşığı çekilmiş)
3 dilim kepek ekmek
(3 dolu çorba kaşığı çekilmiş)
6 tam ceviz içi
3 tepeleme çorba kaşığı nar tanesi
1 tepeleme çay kaşığı tuz
1 silme tatlı kaşığı kimyon
4 dal taze nane
4 çorba kaşığı zeytinyağı

Bu tarifi, benim çok sevdiğim, Hintlilerin mayasız ekmekleriyle bandırarak yedikleri, yoğurdun daha yoğun olduğu bir dip tarifinden esinlenerek uyarladım. Ekmek içinin, yoğurdun, kimyonun ve nar ekşisinin bir arada uyumlu olabileceğini insan kestiremiyor. Taa ki yapıp ekmek bandırana kadar!

8 çorba kaşığı yoğurdu çırpıp, krema kıvamına getirin ve 3 çorba kaşığı nar ekşisiyle karıştırın. Ardından kıyılmış 4 dal taze naneyi, kabaca doğranmış 6 tüm ceviz içini, 3 çorba kaşığı nar tanesini, 4 çorba kaşığı zeytinyağını, 1 tatlı kaşığı kimyonu ve 1 çay kaşığı tuzu ekleyin. Sonra kendi galeta ununuzu yapmak için 3 dilim beyaz ekmeği ve 3 dilim kepek ekmeğini mutfak robotunda iyice çekin. Yaklaşık 6 çorba kaşığı galeta unu elde edeceksiniz. Bunu karışıma ekleyin ve iyice karıştırın.

Bu narlı dipi, isterseniz etin yanında humus niyetine kullanabilirsiniz, isterseniz de cips, salatalık, havuç ile banmalık olarak yiyebilirsiniz.

Nar-ı Değer Humus

MALZEMELER

4 Kişilik

400 gr. nohut
100 gr. tahin
1/2 adet limonun suyu
2 diş sarımsak
1 çay bardağı nar suyu
1 adet limon kabuğu rendesi
8 dal Frenk maydanozu veya fesleğen
1 tatlı kaşığı sumak
1 çorba kaşığı kimyon
1 çorba kaşığı susam
2 çorba kaşığı zeytinyağı
Nar tanesi
Tuz

Humus, yapılması zor bir yemek gibi bilinir. Oysa birkaç pratik yöntemle 15 dakikada hazırlanacak kolay bir hal alabilir. Hele ki narla dokunuşlar yaptığınızda bambaşka bir yere çekmiş olacaksınız humus lezzetini. Humus yaparken pratiklik sağlayacak 2 kısa yolu paylaşmak istiyorum. Birincisi, nohudu haşlamak epey vakit aldığından, haşlanmış konserve nohut kullanmak. İkincisi ise nohudun kabuklarını kolayca çıkarmak. İyi bir humusta kabuk olmaz; böylece humusunuz krem gibi olur ve acılaşmaz. Kabukları çıkarmanın en iyi yolu ise pirinç yıkama kabını kullanmak. Pirinç yıkama kabına nohutları döküp, kabı musluğun altına koyun ve suyu açın. Elinizle nohutları ovuşturmaya başlayın. Kabuklar su yüzeyine çıkacak, pirinç yıkama deliğinden su aktığı için de kenarda toplanacaktır. Dolayısıyla 400 gr. nohudun kabuğu 1 dakikada soyulmuş olacak.

Ardından kabuklarını soyduğunuz nohudu, 2 diş sarımsağı, 100 gr. tahini, 1 çay bardağı nar suyunu, 1/2 çay bardağı limon suyunu, 1 tatlı kaşığı sumağı, 1çorba kaşığı kimyonu, 1 adet limon kabuğu rendesini ve 2 çorba kaşığı zeytinyağı ile istediğiniz miktarda tuzu mutfak robotuna koyun ve hiç tane kalmayıncaya kadar karıştırın. Son olarak 8 dal frenk maydanozu yaprakları, 1 çorba kaşığı kavrulmuş susam ve nar taneleri ile süsleyin. Frenk maydanozu yerine isteyenler fesleğenle de süsleyebilirler. Servis ederken bir parça sızma zeytinyağı gezdirip, limon sıkmanızı tavsiye ederim. Tatlar bir anda tazelenecektir.

Narlı Karidesli Türk Suşisi

Malzemeler

4 Kişilik

200 gr. jumbo karides
1 adet yufka
4 çorba kaşığı nar tanesi
1 ceviz içi büyüklüğünde taze zencefil
1 tepeleme çorba kaşığı mayonez
3 diş sarımsak
1 adet salatalık
4 çay kaşığı haşhaş tohumu
3 tepeleme çay kaşığı pul biber
3 çorba kaşığı zeytinyağı
Tuz
Taze kişniş
Soya sosu

Evinize konuklar gelecek, onları şaşırtmak ve hatta deli etmek istiyorsunuz. Bu tarif sayesinde dünyanın en iyi restoranlarında yiyebilecekleri bir tadı hızlıca hazırlamış olabilirsiniz.

Jumbo karidesleri satın alırken iyice temizletin, baş ve sırtlarındaki kısımlarının alındığına emin olun. Bu tarifte Jumbo karides kullanmamdaki sebep, tadının çok daha güçlü olması. Çimçim karideslerin tatları çok daha hafif oluyor.

Bir tavaya 3 çorba kaşığı zeytinyağını koyun ve kızınca 200 gr. karidesi pişirmeye başlayın. Ardından ufak küpler halinde doğradığınız 1 ceviz büyüklüğündeki zencefili ve 3 diş sarımsağı ekleyin. Arzunuza göre tuz ekleyip, yaklaşık 5 dakika karidesleri çevirin. Karidesler piştikçe tavanın dibi karamelize olacak, karidesler renk değiştirip, pembeleşmeye başlayacak.

Sosu için, 1 tepeleme çorba kaşığı mayoneze 3 tepeleme çay kaşığı pul biber ekleyin ve iyice karıştırın.

Bu tarifin en can alıcı öğesi yufka. Makinede açılmış, büyük yufka olmamalı. Taze ve el ile açılmış, mümkünse mahalle yufkacısı yufkası olmalı. Tadı ve kalitesi çok değişecektir. Yufkayı pişmemiş diye düşünmeyin. Yufka yapılırken hep bir tarafı pişiriliyor.

Açıp serdiğiniz 1 adet yufkanın 3 kenarının yuvarlaklarını kabaca alın, sonra da ortadan ikiye kesin. Yufkanız alttan yuvarlak, yanlardan ve üstten ise düz bir görüntü alacak. Alttaki yuvarlak tarafı içe doğru 5 cm kıvırın ki, malzemeyi yerleştirirken daha mukavemetli bir zemininiz olsun. Böylece yufkanız dikdörtgen haline gelecek. Hazırladığınız sosun yarısını yufkanın kıvırdığınız köşesine boydan boya sürün. Üzerine 2 çay kaşığı haşhaş tohumunu serpin. Yaklaşık 12 cm uzunluğundaki salatalığı dörde bölüp, çekirdeklerini aldıktan sonra etli kabuk kısmını kibrit çöpü kalınlığında kesin. Bu şekildeki 7 parça salatalığı sosun üzerine koyun. Ardından tavadaki karideslerden 100 gr. yufkaya koyun ve tavanın dibini kazıyıp karamelize olan kısımlardan da üzerine ekleyin. Tekrar 7 parça salatalık ekleyip, 2 çorba kaşığı nar tanesini serpin ve hafif sıkarak rulo halinde sarın. Uç kısmını yufkanın birbirini tutması için hafifçe ıslatın. Sardığınız suşinizi yaklaşık 5 parça çıkaracak şekilde eşit parçalara bölün. İlk kestiğiniz parçayı örnek alıp diğerlerini hizalayabilirsiniz. Kalan 100 gr. karidesle de yufkanızın diğer parçasından tarifi yapabilirsiniz.

Servis etmeden önce kestiğiniz her suşiyi kişniş yaprağı ile süsleyin ve soya sosu ile servis edin. Altına da haşhaş tohumu koyup servis edin.

Fırında Çıtır Narlı Patates

MALZEMELER

4 Kişilik

2 büyük boy patates
4 tepeleme çorba kaşığı nar tanesi
1,5 büyük dal biberiye
4 diş sarımsak
3 çorba kaşığı zeytinyağı

Bu vereceğim tarif sadece bir patates kızartması değil. Patates kızartmasının çok daha hafif ve yanına ketçap gibi ekstra bir sosa gerek kalmadan, tek başına yiyebileceğiniz bir versiyonu. Ağzınızda patlayan nar taneleri ile patates kızartması yemek ayrı bir keyif haline gelecek.

2 büyük boy patatesi, 2 kibrit çöpü kalınlığında doğrayıp, 1-2 dakika haşlayın. Ardından sudan çıkartın ve süzüp, kağıt havlu ile kurutun.

Fırınınızı ızgara modunda 250 derecede çalıştırın. Fırın tepsisine 3 çorba kaşığı zeytinyağı koyun ve elinizle tepsiye yayın. Ardından fırına verin ve zeytinyağının iyice kızması için 2 dakika bekletin. Fırından kızgın halde çıkardığınız tepsiye fazla suyunu aldığınız patatesleri koyup karıştırın, böylece her tarafı iyice yağlanacak. Ardından fırına verin. Patatesleri deforme etmeden, 10 dakikada bir karıştırın. Böylece tepsideki yağ ile dört tarafının kızarmasını sağlayın. Pişirmenin 27. dakikasında 1,5 büyük dal biberiyeyi ve 4 diş sarımsağı koyun. 30. dakikada ise 4 tepeleme çorba kaşığı nar tanesini tepsiye atın, hafifçe karıştırın ve 1 dakika kadar fırında tuttuktan sonra çıkarıp tuzlayın ve servis yapın.

Narlı Patatesli Yumurta

Malzemeler

4 Kişilik

2 orta boy patates
150 gr. sucuk
4 adet yumurta
3 avuç nar tanesi
4 çorba kaşığı süt
5 çorba kaşığı zeytinyağı
3-4 dal frenk maydanozu

Size narın, sucuk ve yumurta ile çok yakıştığını söylesem... Nar, bu yemeğe öncelikle inanılmaz bir parlaklık verecek. Bunun yanı sıra apayrı bir baharat gibi ekşilik ve tatlılık da katacak.

2 orta boy patatesi soyduktan sonra ince yuvarlak dilimler şeklinde doğrayın. 4 çorba kaşığı zeytinyağını bir tavada kızdırın ve patatesleri kızartın. Arka tarafı kızarınca ters yüz edin ve diğer tarafını da kızartın. 150 gr. sucuğu küpler halinde doğrayın ve onları da pişirin. Sucuk da kendi yağını bırakarak ekstra bir lezzet katacak yemeğe. Bu kızgın yağın içerisine 3 avuç nar tanesini de ekleyin. Burada dikkat etmek gerekecek çünkü kızarmış yağda nar taneleri sıçrayabilir, yağı da sıçratabilir. Ama nar tanelerinin yağda böyle patlaması ve sularının akması yemeğe ayrı bir lezzet katacak. Ayrıca bu sırada çok da eğleneceksiniz.

Bir yandan ayrı bir tavada 4 adet yumurtayı 1 çorba kaşığı zeytinyağında çevire çevire pişirin. Bir nevi çırpılmış (scrambled) yumurta gibi olacak. İstediğiniz kadar tuz ve 4 çorba kaşığı sütü de yumurtaya ekleyin. Patlayan nar tanelerinin ardından pişirdiğiniz yumurtayı da tavaya koyun ve iki üç tur karıştırın. Eğer çok karıştırırsanız nar yumurtayı boyayacaktır. Son olarak 3-4 dal frenk maydanozu ile süsleyin ve sıcak sıcak servis edin.

Narlı Zeytinyağlı Yaprak Sarması

Malzemeler

4 Kişilik

35-40 adet körpe asma yaprağı
1/2 su bardağı pirinç
1 adet orta boy kuru soğan
3 çorba kaşığı zeytinyağı
3/4 su bardağı su
1/2 su bardağı taze nar suyu
1,5 avuç nar tanesi
1 tatlı kaşığı toz şeker
1 avuç ceviz içi
5-6 dal taze nane yaprağı
5-6 dal maydanoz
1,5 çay kaşığı yeni bahar
1 çay kaşığı tarçın
1/2 çay kaşığı karabiber
1 çay kaşığı tuz

Osmanlı sofralarına layık bir lezzetten ve özenden bahsettiğimiz bir tarif bu. Yapması biraz vakit alıyor ama sunulup da birer ikişer yendiği zaman değiyor tüm buna.

Zar büyüklüğünde doğradığınız 1 adet orta boy kuru soğanı 3 çorba kaşığı zeytinyağında rengi dönene kadar kavurun. Ardından 1 tatlı kaşığı toz şekeri ilave edip, 1-2 dakika daha pisirin. Kabaca parçaladığınız 1 avuç ceviz içini de ilave ettikten sonra, hafif ceviz kokusu çıkana kadar pişirmeye devam edin. 1/2 su bardağı pirinci yıkayın ve tavaya ekleyip, taneler şeffaflaşana kadar kavurun. 3/4 su bardağı suyu da ekleyip, istediğiniz miktarda tuz koyduktan sonra kaynayana kadar yüksek ateşte, sonra kısık ateşte yavaş yavaş pişirin. Pilav kıvamına geldiğinde altını kapatın ve demlenerek soğumasını sağlayın. Pirinciniz soğuyunca ince kıydığınız 5-6'şar dal taze nane ve maydanozu, 1,5 çay kaşığı yeni baharı, 1 çay kaşığı tarçını ve karabiberi ekleyip, karıştırın. Son olarak 1,5 avuç nar tanesini ilave edin ve zedelemeden tekrar karıştırın.

Asma yapraklarını klasik sarma yöntemi ile sarın. Yaprakların büyüklüğüne göre değişecektir ancak iç malzemesinden ortalama 1 çorba kaşığı kullanmanız sarmanız için yeterli olacaktır. Çok taze asma yaprakları bulamazsanız, biraz haşlayıp o şekilde kullanabilirsiniz.

Sarmaları pişirme tenceresine dizin. Üstünü asma yaprakları ile kapatın ve bir tabak yerleştirin. Koyduğunuz tabak ağırlık yapacak, böylece sarmalarınız pişerken açılmayacaklar. 1/2 su bardağı nar suyunu da ilave edip, kısık ateşte suyunu tamamen çekene kadar, yaklaşık 10 dakika pişirin. Soğuk olarak servis edin.

Asma yapraklarının körpe olması ve pişme süresinin kısa olması çok önemli, aksi takdirde iç harcına koyduğunuz nar taneleri fazla pişecek formlarını ve sululuğunu kaybedecektir.

Ana Yemekler

Nar de Nar Life

MALZEMELER

4 Kişilik

700 gr. bonfile, 4 parça
200 gr. tahin
9 çorba kaşığı nar ekşisi
3 dolu çorba kaşığı hardal
300 ml. et suyu
1 tatlı kaşığı silme karabiber
2 çay kaşığı tuz
5 çorba kaşığı zeytinyağı

Refika der ki; bu tarifi Narlife'a özel hazırladığım için bu ismi vermek istedim.

Bu tarifin en önemli özelliği nar ekşisi ve tahinin birleşimine hardal da ekleyerek inanılmaz lezzetli bir tat oluşturmak. Meşhur Café de Paris'nin insanı inanılmaz tatmin eden hali, tahin ve nar ekşisi ile bambaşka boyutlara çıkabiliyor. Davet verdiğiniz bir akşam veya ailenizle güzel bir haftasonunda keyifle yapabilirsiniz.

Dokuz çorba kaşığı nar ekşisi ve 200 gr. tahini bir kapta karıştırın. Diğer yanda 4 parça bonfileyi, yağsız tavada, yüksek ateşte pişirin. Bonfilenizin restoranlarda olduğu gibi hem güzelce pişmesi, hem de sulu kalabilmesi için birkaç ipucu vermek istiyorum. Kızgın tavaya eti koyduğunuzda ilk 2 dakika hiç çevirmeden beklemek gerekir. 2 dakika sonra ters yüz edip diğer tarafı için de 2 dakika pişirme yapmak gerekir. Birden fazla parçayı aynı anda pişiriyorsanız, etlerin birbirine değmemesine dikkat edin. Çünkü birbirine temas edince etler suyunu bırakmaya başlıyor ve hafif haşlama kıvamında bir et haline gelebiliyor.

Bir de etinizin pişme derecesini anlayabileceğiniz bir yöntem anlatmak istiyorum. Baş parmağınızla, işaret parmağınızı birleştirin. Eğer tavadaki etinizin yumuşaklığı avucunuzun baş parmağınızın altında kalan etli bölümünün yumuşaklığına benzer ise bu az pişmiş olduğu anlamına gelir. Aynı şeyi baş parmağınızla orta parmağınızı birleştirerek yaptığınızda orta az pişmiş, yüzük parmağınızla yaptığınızda orta, serçe parmağınızla yaptığınızda ise iyi pişmiş anlamına gelmektedir. Böylece, etinizin tercihinize göre pişip pişmediğini test edip, anlayabilirsiniz. Etinizi keyfinize göre pişirdikten sonra bir kenara alın ve üzerine 2 çay kaşığı tuz ve ve dilediğiniz kadar karabiber serpin. Soğumaması için üzerini alüminyum folyo ile kaplayabilirsiniz.

300 ml. et suyunu tavaya koyun ve etin tavada kalan o güzel aroması ile iyice kaynaştırın. Güzel bir et suyu tarifi için www.refikaninmutfagi.com adresine bakabilirsiniz. Sonra karıştırdığınız tahin ve nar eksişi karışımına bu suyu sicim şeklinde, incecik dökerek çırpmaya devam edin. Eğer bir anda dökerseniz tahin kesilip, pütür pütür olacaktır. Bu işlem sonrasında sosunuz iyice açılacak ve daha parlak bir renge sahip olacak. Son olarak 3 dolu çorba kaşığı hardalı, 5 çorba kaşığı zeytinyağını ve 1 tatlı kaşığı silme karabiberi de ekleyip, sosunuza karıştırarak, yedirin.

İstenirse bunun için hazır et suyu da kullanabilirsiniz. Bu durumda bir parça tereyağı ekleyerek et suyunuza ekstra lezzet katabilirsiniz.

Bonfilenizi patates kızartmasıyla servis edebilirsiniz. Bu sos ete yakıştığı gibi patates kızartmasına da çok yakışıyor. İsterseniz kitaptaki "Fırında Çıtır Narlı Patates" tarifini narsız, biberiyesiz, sade olarak yapabilirsiniz. İsterseniz de büyük parmak patatesler halinde doğradığınız patatesleri birazcık zeytinyağı ve tuzla karıştırıp fırın tepsisine sıra sıra dizebilir, 180 derece fırında lezzetli bir patates elde edebilirsiniz.

Yemeği sunarken kızarttığınız patatesleri tabağa yayın, üzerine pişirdiğiniz bonfilenizi yerleştirin. Sosunuzu bonfilenize ve tabağınıza elinizi korkak alıştırmadan gezdirin.

Nar Ekşili Bütün Tavuk

Malzemeler

4 Kişilik

- *1 bütün tavuk*
- *2 çorba kaşığı tereyağı*
- *4 diş sarımsak*
- *1 adet limon kabuğu rendesi*
- *1/2 adet limonun suyu*
- *4 çorba kaşığı nar ekşisi*
- *1 tepeleme tatlı kaşığı tuz*
- *1 çay kaşığı acı kırmızı biber*
- *7 dal biberiye*
- *1 çorba kaşığı zeytinyağı*

İyi bir fırın tavuk her zaman, hepimizin hayatını kurtarabilir. Çünkü hızlıca sosunu hazırlayıp fırına attığınızda hem evi nefis kokutacak, hem de misafiriniz gelince muhteşem bir ziyafet görünümüyle karşılacak. Böylece hesaplı ve pratik bir yemek hazırlamanın hazzını yaşayacaksınız.

1 adet limon kabuğu rendesini, ince doğranmış 4 diş sarımsağı, 2 çorba kaşığı tereyağını ve 2 çorba kaşığı nar ekşisini bir kapta iyice karıştırın. Kabuğunu rendelediğiniz 1 adet limonun yarısının suyunu sıkın. Tavuğun iç tarafını bu limon suyu ile ovalayın, böylece tavuğa has ağır kokuyu biraz önlemiş olacaksınız. Bir bütün tavuğun derisini parçalamadan, derisi ile eti arasına elinizi sokun. Bu şekilde derisi ile etini yavaş yavaş parmaklarınızla ayırın. But bölümünün yarısına bile bu şekilde ilerleyerek ulaşabilirsiniz. Tavuğun etli kısmına küçük bir bıçakla ufak ufak çizikler atın. Bu çizikler sayesinde tavuğun derisi ile etini iyice ayırıp sosladıktan sonra kalın olan göğüs ve but kısmına da bıçak ile derin çizikler atın. Böylece sos ete daha fazla nüfuz edecek ve lezzetini arttıracaktır. Ardından 2 çorba kaşığı nar ekşisi ile tavuğunuzun derisine masaj yapın. Nar ekşisi tavuğun derisinin nar gibi pişmesini, çıtır çıtır olmasını sağlayacak. Son olarak da tavuğunuzun içini 1 çay kaşığı acı kırmızı biber ile ovun ve 3 dal biberiyeyi kırıp, içine yerleştirin. Tavuğu pişirmeden önce 1-2 saat dinlendirirseniz sosun lezzeti daha iyi geçecektir.

Fırın tepsisini 1 çorba kaşığı zeytinyağı ile yağlayın, 4 dal biberiyeyi de tepsiye koyup tavuğunuzu üstüne yerleştirin. 200 derece fırında 45 dakika pişmesi için bekleyin. Pişirme süresi tavuğunuzun büyüklüğüne göre değişebilir, gözünüz ara sıra tavuğun üzerinde olsun. Arzu ederseniz nar ekşisinin lezzetini vurgulamak için nar taneleri ile servis yapın.

Güzelim Narlı Tavuk

MALZEMELER

4 Kişilik

1/2 kg tavuk göğsü
1 adet kuru soğan
4 çorba kaşığı zeytinyağı
2 adet havuç
2 tatlı kaşığı un
1 su bardağı tavuk suyu
1 su bardağı nar suyu
1/2 çubuk tarçın
1 tatlı kaşığı tuz
Tuzsuz yer fıstığı
1-2 dal taze kişniş

Bu yemek bir anda aklıma geldi ve denerken beni çok heyecanlandırdı. Ardından da çok sevdiğim bir tarife dönüşüverdi. Nar suyunun tavuğa nüfuz edip nasıl bir lezzet vereceğini çok merak etmiştim. Gerçekten alttan gelen nar suyunun ekşiliği tavuğa başka bir hava katıyor.

Yarım kilo tavuğu 1 santim kalınlık ve 6 santim uzunlukta şeritler halinde kesin. 1 adet soğanı 3 milim kalınlığında halkalar halinde kesin. Tercihen döküm tencerede 4 çorba kaşığı zeytinyağında tavuk göğüslerini hafif kızarıncaya kadar, yaklaşık 5 dakika devamlı karıştırarak çevirin. Sonra tavukları kenara alın, aynı tencerede soğanları 3 dakika çevirin. Onları da tencereden alarak yerine uzun uzun doğradığınız 2 adet havucu koyup bir kez daha çevirin. Sonra tavuk, soğan ve havuçları bir araya toplayıp tepeleme dolu iki tatlı kaşığı unu koyun. Kapağını kapatıp 1 dakika bekleyin. İçine birer bardak tavuk suyu, eğer yoksa kaynar su, ve 1/2 su bardağı nar suyu ekleyin. Bu şekilde 25 dakika kısık ateşte pişirin. Son 10 dakikasında 1 çubuk tarçının yarısını ekleyin. Pişince tarçın çubuğunu içinden alın. Yaklaşık 1 çorba kaşığı yağda çevirdiğiniz tuzsuz fıstıkları, birkaç dal da taze kişniş yapağını üstüne ekleyebilirsiniz servis yaparken. Ben yanına güzel bir de humus yapıp keyfime keyif katarım, size de öneririm.

Eşlikçi Humus

800 gr. haşlanmış nohut
200 gr. tahin
1/2 çay bardağı limon suyu
4 diş sarımsak
1/2 çay bardağı su
4 çorba kaşığı zeytinyağı
Tuz

Humusun pürüzsüz olması için nohutların kabuklarını iyice ayıklamak gerekir. Bunun için narlı humus tarifinde de verdiğim pratik yöntemi uygulayabilirsiniz. 800 gr. haşlanmış nohudu pirinç yıkama kabına dökün ve kabı musluğun altına koyup suyu açın. Elinizle nohutları ovuşturmaya başlayın. Kabuklar su yüzeyine çıkacak, pirinç yıkama deliğinden su aktığı için de kenarda toplanacaktır. Dolayısıyla nohudun kabuğunu hızlıca soymuş olacaksınız.

Ardından tüm malzemenizi mutfak robotuna koyun, hiç tane kalmayıncaya kadar karışsınlar. Tahini açan faktör su ve limon suyu. Eğer tahininiz çok kıvamlı ise krema kıvamına getirmek için, lezzetini kontrol ederek su ve limon suyu takviyesi yapabilirsiniz. Humusunuz, Güzelim Narlı Tavuk'la servis etmeniz için hazırdır.

Refika'nın Nardanası

MALZEMELER

4 Kişilik

Köftesi için;
500 gr. dana kıyma
1 adet kuru soğan
1 su bardağı ince bulgur
1 çorba kaşığı pul biber

Suyu için;
2,5 çorba kaşığı tereyağı
1 çorba kaşığı domates salçası
1 adet kuru soğan
400 gr. haşlanmış nohut
1,2 lt kaynar su
125 ml. nar ekşisi
3-4 avuç ceviz içi
1 çorba kaşığı karabiber
Tuz
Nar taneleri

Nardanaşı, Diyarbakır yöresinin yemeklerinden bir tanesi. Anadolu'nun lezzetle düşkünlüğünü çok güzel bir şekilde anlatıyor aslen. Ben bu tarifi biraz hafiflettim, biraz zenginleştirdim.

Başta klasik bir köfte tarifi gibi gözükse de kanımca birkaç farklı lezzeti bir arada kullanarak klasiklerden ayrışıyor.

Köftesi için 1 adet kuru soğanı mutfak robotundan geçirin. 500 gr. dana kıyma, 1 bardak ince bulgur, istediğiniz miktarda tuz ve 1 çorba kaşığı pul biberi ekleyip, yaklaşık 5-10 dakika iyice yoğurun. Sonra köfte harcından fındıktan büyük, cevizden küçük büyüklükte parçalar koparıp, avucunuzda yuvarlayın.

Ardından 1 adet kuru soğanı daha irice doğrayın. Bir tencereye 2,5 çorba kaşığı tereyağını koyup eriyince doğradığınız soğanı ekleyin. Orta ateşte karıştırarak, soğanlar yumuşayıncaya kadar, yaklaşık 3-4 dakika kavurun. 1 çorba kaşığı domates salçasını, 1 çorba kaşığı karabiberi ve istediğiniz kadar tuzu ilave edip, 1-2 dakika daha pişirin. Üzerine 1,2 lt suyu ekleyip, hızlı ateşte kaynama noktasına kadar ısıtın. 125 ml. nar ekşisini ve köfteleri ilave edip karıştırın ve yaklaşık 20-25 dakika daha pişirin. Süzüp yıkadığınız 400 gr. haşlanmış nohudu ve kabaca kırdığınız 3-4 avuç cevizi de ekleyin. Servis yaparken muhakkak suyundan da bolca koyun ve nar taneleri ile süsleyin.

Görüntüsüne bakıp ne kadar lezzetli olduğunu düşünün, şimdi gözlerinizi kapatıp bunu en az 10 ile çarpın.

Tatlılar

Lokumlu Nar Sorbe

Malzemeler

6 Kişilik

250 gr. sade lokum
750 ml. taze nar suyu

Size, lokumun hem şekerini, hem de içindeki nişastasını kullanarak inanılmaz lezzetli ve çok renkli bir sorbe yapabileceğinizi söylesem, ne dersiniz? Bu sorbe tarifinin genel sorbe tariflerinden farkı, içindeki lokum sayesinde daha yumuşak ve ağızda akıcı bir kıvama sahip olması. Bu kıvam inanın çok hoşunuza gidecek.

250 gr. sade lokumu bıçakla pirinç büyüklüğünde kıyın ve 375 ml. nar suyu ile birlikte tencereye koyun. Kaynama noktasına geldiğinde altını kısın, lokumlar tamamen eriyene kadar sık sık karıştırın. Lokum parçaları eridiğinde soğuması için kenara alın. Ardından kalan nar suyunu da ilave edip, karıştırın. Buzlukta muhafaza için uygun bir kaba alıp, buzluğa koyun. Her 30 dakikada bir karıştıracak şekilde, 4-5 saat buzlukta bekletin. Karıştırdığınızda içinde hava kabarcıkları oluşacak, çok da yenebilir bir kıvam alacak. Sorbeniz böylece hazır olacak. Servis ederken ufacık taze nane yaprakları yerleştirirseniz aralarındaki uyum hoşunuza gidecek.

Nar Suyu Muhallebisi

MALZEMELER

6 Kişilik

2 su bardağı nar suyu
4 çorba kaşığı mısır nişastası
6 çorba kaşığı toz şeker

Süslemesi için;
File acı badem

Servis için;
Narlı Buz
Çamlıca gazoz

Klasik su muhallebisi bu tarifte, bir taraftan Antakya'nın Haytalı Bici'sine göz kırparken, diğer taraftan da kendi içinde çocuksu bir yaramazlığı barındırıyor. Ben yaparken çok eğlendim ve heyecanlandım. Yiyenlerin de gözleri parladı. Umarım siz de böyle bir tecrübe yaşarsınız.

2 su bardağı nar suyu ve 4 çorba kaşığı mısır nişastasını bir tencerede, yaklaşık 8-10 dakika, kıvamlanana kadar sürekli çırparak pişirin. Kıvam bulduktan sonra 6 çorba kaşığı toz şeker ekleyin. Sosunuza, şekeri ilave edince çok güzel parladığını göreceksiniz. Ardından servis kabınızın yarısına bu karışımı koyun ve arasına nişasta bazınızın üstünü bir sıra kaplayacak kadar file acı badem serpiştirin. File acı badem tatlınıza enteresan bir köşe de katacak. Bulamazsanız file badem de yeterli olacaktır. Sonra aynı miktarda nişastalı karışımdan ekleyin. Bu şekilde soğuması için yarım saat oda sıcaklığında sonra da buzdolabında bekletin.

Servis edeceğiniz sırada ise üzerine buzdolabından gazoz ve bir de buz koyun. Gazoz olarak ben Çamlıca'yı kullandım, daha rayihalı isterseniz Niğde Gazozu da güzel olacaktır. Arzu ederseniz kitaptaki "Narlı - Naneli buzlardan" da yapıp yerleştirebilirsiniz. Böylece hem bir tatlı olarak tadıyla şaşırtacak, hem bir içecek halini alıp, göreni görsel olarak büyülecek.

Kızarmış Narlı Dondurma

Malzemeler

6 Kişilik

1 adet yufka
6 top Maraş dondurması
6 çorba kaşığı nar tanesi
6 tatlı kaşığı boziç
Zeytinyağı veya ayçiçek yağı

Bu tarife göre 1 yufkadan 6 tane kızarmış dondurma hazırlayabilirsiniz. Lezzeti açısından taze yufka kullanmaya özen gösterin. Ancak taze yufkanın kolayca yırtılabileceğini de unutmayın.

1 adet yufkayı tamamen açın. Sonra ortadan ikiye kesin. Ardından her bir yarım parçadan sigara böreği saracak gibi 3 parçalık üçgen yufkalar hazırlayın.

Kestiğiniz yufkayı dörtgen uçurtma olacak hale getirmek için geniş tarafındaki iki kulakçığını katlayın. Buzdolabından çıkardığınız sert Maraş dondurmasından 1 top alın ve 1 çorba kaşığı narın üzerine koyun, yuvarlayarak her tarafını narlayın. 1 tatlı kaşığı boziçi de dondurma topunun etrafına serpin.

Boziç aslında taze Antep fıstığının yöresel ismi. Fıstığın tam olgunlaşmadan önceki evresinde dış kabuğunun aldığı açık sarı renkten dolayı buna boz fıstık deniyor. Daha olgunlaşmadığı için de fıstığın içi tam dolgun değil; kokusu ve tadı olmuş fıstık içinden farklı ve daha yüksek. Tadı arttırdığından kebap ve baklavada bu fıstık tercih ediliyor. Malum Antep baklavası, bu boz fıstık içinden yapılıyor ve kendine özgü lezzetini de buradan alıyor.

Boziçle de kapladığınız dondurmanızı, yufkanın geniş bölümüne doğru koyun. Sigara böreği sarar gibi içeri doğru katladığınız kenardan sarmaya başlayın. Önce yanlardan kapatın ve uç kısmına gelene kadar, dondurma kenarlardan taşmayıp, yufkanın içinde kalacak şekilde sarın. İyice donana kadar buzlukta bekletmek için etrafını streç filmle kaplayın. Kızarmış dondurmanızın iyice donması çok önemli, böylece ikram ettiğinizde de içindeki dondurma erimeden daha uzun süre kalabilecek.

Servis etmeden hemen önce, iyice kızmış derin yağda yufkanızın her tarafı altın sarısı oluncaya kadar kızartın. Yağını almak için kağıt peçeteye çıkartın ve hemen servis yapın.

Narlı Devşirme Cheesecake

MALZEMELER

8 Kişilik

Kreması için;
200 gr. labne
200 ml. kutu krema
4 çorba kaşığı pudra şekeri
1/3 vanilyanin çekirdeği

Tabanı için;
200 gr. yulaflı bisküvi
40 gr. boziç (taze Antep fıstığı)
40 gr. tereyağı

Süslemesi için;
2 Ajda çay bardağı nar suyu
6 tatlı kaşığı toz şeker
1 çorba kaşığı nişasta
3 avuç nar tanesi

Kısa bir sürede hazırlayabileceğiniz hem çok basit, hem de özenli görünen bir tarif. İsminin Devşirme Cheesecake oluşunun nedeni malzemeleri bolca yerelleştirmemizden kaynaklanıyor. Narın ekşiliği ve tatlılığı ile mücevher gibi görünümünün bir arada olması da ayrı bir güzellik.

200 ml. soğuk kutu kremayı iyice çırpın ve iyice kabarınca içine 200 gr. labneyi, 4 çorba kaşığı pudra şekerini ve 1/3 vanilya çubuğunun çekirdeğini sıyırın ve ekleyin. Kremanın yeni buzdolabından çıkmış olması önemli aksi takdirde arzu edilen oranda kabarmaz. Krema en az 3 katına çıkacak ve içi çırpınca hemen kabarcıkları ile dolacaktır. Bu malzemeleri hafifçe karıştırıp, birbirleriyle kaynaşmalarını sağlayın.

Cheesecake'in tabanı için, 200 gr. yulaflı kepekli bisküviyi mutfak robotundan geçirin ve içine 40 gr. tereyağı ile toz haline getirdiğiniz 40 gr. boziçi ekleyin. Tüm malzemeyi 10 dakika tavada kısık ateşte çevirin, böylece iyice tatlar birbirine geçecek ve kıtırlaşacaktır. Ardından servis kabına alın. Kabın tam şeklini alması için ve sıkışması için elinizin tersiyle veya spatula ile bastırın. Daha sonra yaptığınız labneli karışımı üzerine ekleyin ve spatula ile bisküvili tabanı kaplayacak şekilde sürün. Burada bisküvi ve krema oranı için birer birim diyebiliriz. Yani bisküvinin kapladığı yer kadar krema koymak kıvamında bir lezzet sağlayacak.

Üstünü süslemek için hazırlayacağınız sos için; 1,5 çorba kaşığı nişastayı, 2 Ajda çay bardağı nar suyu ile açın. Ardından tencereye koyun ve 6 tatlı kaşığı toz şekeri de ekleyin. 5 avuç nar tanesini de ekledikten sonra iyice kıvamlanana kadar, çok kısık ateşte karıştırın. Karıştırırken nar tanelerini zedelememeye dikkat edin. Nişastanın parlaklığı ile nar taneleri de iyice parlak bir hal alacak ve cheesecake'in üzerinde çok hoş bir görüntü oluşturacak. Bu narlı sostan da kremanın üzerini kaplayacak miktarda eklediğinizde cheesecake'iniz hazır olacaktır. Sosu soğuması için kenarda dinlendirin. Mümkünse biraz dolapta tutmanızı tavsiye ederim, böylece tüm malzemeler iyice kıvamını bulacak.

Narlı Aş

MALZEMELER

10 Kişilik

10 yaprak güllaç
6 su bardağı nar suyu
3,5 su bardağı toz şeker
3-4 avuç ceviz içi
2 paket kaymak
2 narın tanesi
Toz boziç (taze Antep fıstığı)
Nane yaprakları

Güllaç bizim en eski zanaatlarımızdan. Ramazan'da klasik güllacı yemenin yanı sıra, diğer 11 ayda bu adeti başka şekillerde de devam ettirebileceğimize inanıyorum. Kendisini tatlıların fast foodu olarak düşünebiliriz; hazırlaması 10 dakika sürüyor. Yaz-kış dondurmayla da nefis oluyor.

6 su bardağı nar suyu ile 3,5 su bardağı toz şekeri birbirleriyle özdeşleşmeleri için 2-3 dakika kaynatın ve ardından oda sıcaklığından biraz yüksek, yaklaşık 38-40 dereceye, yoğurt mayalama derecesine gelinceye kadar bekleyin. Her yaprağı bir kat olarak kullanabilecek büyüklükte bir kap seçerseniz tarifteki oranlar tam tutacaktır. Eğer kap büyüklüğü uygun değilse 10 güllaç yaprağını kabınıza göre kesin. Kalan parçaları, yaprakların arasına kat yapmak üzere saklayın. Yerleştirdiğiniz her güllaç yaprağının üzerine hazırladığınız şerbetten 1-2 kepçe şerbet dökün. Güllacın parlak tarafı yukarı gelmelidir. Bu şekilde 5 katı döşedikten sonra ortasına kabaca kırdığınız 3-4 avuç cevizi yayın. Üzerine 2 paket kaymağın tamamını küçük küçük parçalar halinde, aralarında çok az boşluk olacak şekilde her yere yerleştirin. 1 adet narın ayıklanmış tanelerini de serpin ve kalan 5 yaprak güllacı da her kata şerbet dökerek yerleştirin.

Sonra tatlınızı buzdolabında 2 saat soğumaya bırakın ki, suyunu tamamen çekip demlensin ve şişip tatları içine alsın. Servis etmeden önce üzerine kalan nar taneleri, toz boziç serpip, minik nane yapraklarıyla süsleyin. Antep baklavasında lezzetine vardığımız boziç tatlıları süslemede kullanmak için çok güzel bir malzeme. Güllacınıza da muhakkak serpmenizi tavsiye ederim. Afiyet olsun.

İçecekler / Ev Yapımı

İçecek Sunum Önerisi

İçeceklerinizi hem lezzet olarak, hem de görsel olarak güzelleştirmeniz için pratik ve şık önerilerim olacak. Bunlardan ilki su, soda, gazoz gibi içecekler ikram ederken bardaklara 1 çorba kaşığı nar tanesi ve 1-2 dal nane yaprağı eklemeniz olacak. Özellikle renksiz içeceklerde narın kırmızısı ve nanenin yeşili sunumunuzu hoşlaştıracak. Yudumlarken de arada ağzınıza gelecek nar tanesi, ağzınızda sürprizli bir tat oluşturup, nanenin rayihası ile çok hoş bir uyum meydana çıkacak.

Ayrıca buzluğunuzda her zaman hazır edeceğiniz nar taneli buzlar da yine içeceklerinizi süslemeniz ve bu ufak dokunuşla sofranıza ek lezzetler katmanız için rahatça yapabileceğiniz bir ipucu. Buz kalıplarının her birine 3-4 nar tanesi ve nane yapraklarının en körpelerinden koyup, su ekleyin ve buzlukta dondurun. 5 dakikanızı bile almayacak bu iş ile kalpleri fethedebilirsiniz.

Nar taneleri küçük yakut taşlar gibi bardağınızın içinde salınacak. Düz bir sodayı bile heyecanlı hale getirecek.

Gazoz-u Nar

Malzemeler

2 Kişilik

1 su bardağı nar suyu
1,5 su bardağı gazoz veya soda
1 ceviz büyüklüğünde zencefil
2 dal taze nane

Mümkünse 2 şişe Çamlıca gazoz ile 1 şişe Uludağ gazozu karıştırın. İki gazozun da farklı rayiha ve tatları var, birleşimi çok lezzetli oluyor. 1 su bardağı nar suyuna, 1,5 su bardağı gazoz karışımından ekleyin. İçine alttan mayhoş bir tat vermesi için en ince rendeden geçirdiğiniz ceviz büyüklüğünde zencefili ekleyin. Eğer zencefilin içinde iyice kaybolmasını isterseniz, zencefili ezip, çıkan suyu kullanabilirsiniz sadece. Son olarak tadını daha iyi vermesi için hafif ezdiğiniz 2 dal naneyi de ekleyerek karıştırın. Soğuk içmenizi ve narlı buzlarla servis etmenizi öneririm.

Nardalita

Malzemeler

8 Bardak

1 su bardağı taze sıkılmış nar suyu
1 su bardağı toz şeker

Kışın yediğimiz narın güzelim aromasını, ilkbahar ve yazın ferahlatıcı bir şekilde içmek için ideal bir tarif nardalita. Bu tarifi limon ve mandalinaya uygulamak da mümkün. Burada nar şurubu yapmıyoruz aslında, konsantre bir meyve suyu elde ediyoruz. Sevdiğiniz meyve sularını bir yıl içmek için güzel bir yöntem.

Öncelikle narlarınızı iyi seçmelisiniz. Nar ne kadar güzel olursa içeceğiniz de o kadar güzel olur. Dolayısıyla meyveleri tam mevsiminde ve yetiştikleri yörelerden almaya çalışın. İstediğiniz kadar narın suyunu sıktıktan sonra, suyu tülbentten süzün.

Elinizdeki su miktarı ile aynı miktarda toz şeker ekleyerek hazırlayabilirsiniz nardalitanızı. Bire birlik ölçüyü gramajla değil bardak veya kase ile yapın. Yani sıktığınız kaç bardak nar suyu ise aynı miktar toz şekeri iyice karıştırın.

Hazırladığınız bu karışımı 2 gün kapalı kapta, buzdolabında bekletin ve ara ara karıştırmaya devam edin. Sonra bir elekten geçirip süzün ve şişeleyin. Şişeleri serin ve gölge bir yerde bekletin. İlk hafta her gün, sonra 2-3 haftada bir şişeleri çalkalayın ve kullandıkça birer birer açın. Şişeleri açtıktan sonra "buzdolabında" muhafaza edin. Bu konsantre bir karışım olduğundan içmek için hazırlarken, bir bardağa bir parmak kadar koyup üzerini su ve buzla tamamlamanız gayet yeterli olacaktır. Arzu ederseniz su yerine soda veya bol şekerli sevenler için gazoz ekleyip gazlı içecek elde edebilirsiniz. Kaynar su ekleyip rahatlatan bir çaya dönüştürmek de hoş bir alternatif olacaktır.

NAR
EKŞİSİ

Nar Ekşisi

MALZEMELER

5 kg. ekşi nar

Satın aldığınız pek çok nar ekşisi ne yazık ki gerçek nar ekşisi değil. İçlerinde çokça şeker şurubu ve başka malzemeler içermektedir. Bu sebepten de nar sosu diye satılıyor. 350 ml. güzel bir nar ekşisi yaklaşık 5 kg. nardan elde edilebiliyor. Bu hesapta bir maliyet analizine gidip, satın aldığınız nar ekşisinin fiyatından da doğallığı ile ilgili fikir elde edebilirsiniz. İçinizin rahat olması için evde her yıl bir kere yapıp bütün sene kullanabilmek için bu tarifi vermek istedim.

5 kg ekşi narın suyunu sıkın. Arada tam suyunu bırakmayan nar taneleri olacaktır, bunları da biriktirip, kol kuvvetiniz veya bir kaşık yardımıyla süzgeçten ezerek geçirin. Elde ettiğiniz tüm nar suyunu tülbentten süzün. Bu miktarda nardan yaklaşık 1,5 ile 2,5 litre arası nar suyu çıkıyor. Bunu geniş bir çelik tencereye dökün ve orta ateşte 3-4 saat kaynatın. Ara sıra üzerindeki köpükleri almak için kontrol edin. Karıştırırken tahta kaşık kullanmaya özen gösterin. Nar suyu kendini çekip, kıvamlanmaya başlayacaktır. Tencerenin dibinde yoğun akışkan bir hal aldığında nar ekşinizin gereken kıvama geldiğini anlayabilirsiniz. 5 kg'lık nardan yaklaşık 350-400 ml. nar ekşisi elde edeceksiniz. İçiniz rahat bir şekilde kendi yaptığınız bu nar ekşisini keyifle kullanacaksınız.